I0449303

Indice

Ringraziamenti

Un sentito ringraziamento alla Scuola in Ospedale Marcella Balconi presso l'Azienda Ospedaliera Maggiore della Carità di Novara, per la calorosa accoglienza e per la collaborazione sempre puntuale. Una complicità e capacità di integrarci che ha permesso la realizzazione di questo libretto.
Grazie ad Antonella, Rita, Daniela che sempre hanno offerto spunti e stimoli.
Un grazie allo staff di APU Associazione psicologia Utile, nelle persone di Mara, Daniela, Claudia, Rebecca, Sara che hanno dedicato volontariamente il loro tempo al progetto.
Un grazie ai bambini che hanno partecipato e ai loro genitori che nonostante le situazioni a volte difficili, hanno sostenuto i bambini incoraggiandoli a partecipare.
Un grazie al reparto di pediatria, ai dottori, infermieri e volontari AVO che abbiamo incontrato scambiandoci riflessioni e non solo.
Un grazie a GustaMi che sempre ci ha accompagnato donando materiale e appoggiando l'iniziativa anche attraverso dolci e pani per i bambini e il personale.
Un grazie al Dirigente Pierino Carnevale della Scuola Margherita HACK per la gradita disponibilità e accoglienza.
Un grazie al Professor Bona per il sorriso e l'accoglienza nel reparto pediatrico.

Un grazie a quanti ci hanno sostenuto e seguito attraverso i post su Facebook dove ogni puntata è stata seguita, condivisa e vissuta anche non di persona.

È stata un esperienza molto bella a momenti magica.

Ci sono stati incontri dove abbiamo toccato con mano la sofferenza trasformando nei visi di alcuni bambini il dolore e la paura in sorrisi.

Tutti loro ci hanno fatto sentire il valore della vita.

Quando entri in un reparto pediatrico e trovi un bambino di tre anni oncologico, magari senza più un ciuffo di capelli ma con il sorriso di chi per sua natura, attraverso il gioco impara, conosce e assapora la vita, lì, in quel preciso istante, la vita si tinge di un colore unico: la speranza e la voglia di un futuro da vivere!

Da destra
Dottoressa Barbara Camilli, maestra Antonella, Daniela e
Mara staff APU

Com'è nato il progetto

Il progetto è nato dalla volontà della Scuola in ospedale Marcella Balconi in collaborazione con Associazione Psicologia Utile (APU) e il format Nutriziopoli da anni attivo nell'educare piccoli e grandi ai corretti stili di vita.

Il progetto si è articolato durante tutto l'anno con incontri a cadenza quindicinale utilizzando materiale già strutturato sulla storia del riso insieme a numerosi laboratori pratici durante i quali i bambini sono stati protagonisti nel creare manufatti, ma anche filastrocche e storie.

Le attività nascono anche da un interesse locale, essendo Novara una zona particolarmente fertile per la produzione del cereale. La città e i dintorni come Vercelli risponde molto bene all'esigenza di saper sfruttare quanto deriva dal locale, per far fare esperienza ai bambini su qualcosa che hanno vicino casa e che usano frequentemente a tavola.

Il progetto ha utilizzato le risorse della scuola in termini di libri e materiale cartaceo insieme al materiale donato da APU come (riso, cartone, nastri, farine, pani di riso e vario, ecc).

La donazione di materiale è avvenuto anche grazie a GustaMi un laboratorio di panetteria e pasticceria di Marcallo con Casone.

Il fine del progetto si è inserito perfettamente nel Format Nutriziopoli, in quanto le attività hanno voluto educare all'uso consapevole del cibo.

L'attenzione al cibo è necessaria sempre per stare bene, ma soprattutto per chi ha delle specifiche patologie è necessario porre maggior attenzione. Ai nostri laboratori hanno partecipato bambini in degenza, in visita pediatrica o per controlli a seguito di interventi o chemioterapie, con delle specificità giornaliere: il lunedì gli interventi alle tonsille, poi i giorni per i bambini oncologici, rispetto ai giorni degli interventi ortopedici.

Nell'arco dell'anno sono stati molto i bambini incontrati, ne stimiamo 60.

Il progetto si è strutturato per fasi dove i bambini hanno anche creato dei bellissimi cartelloni che raccontano del riso in Italia, in Europa e nel Mondo

1° FASE: Un po' di indagine

La fase iniziale è stata dedicata ad una indagine in merito alla conoscenza da parte dei bambini del riso. Le domande sono state poste in modalità intervista, accogliendo riflessioni o simpatici aneddoti.
Le domande sono state:
Conosci il riso?
Sai cos'è?
È un cereale o un frumento?
Lo hai mai visto?
Conosci la pianta? Com'è?
Sai dove si coltiva?
Hai mai visto una risaia?
Sai quanti tipi di riso ci sono? E di quanti colori?
Si prepara come primo piatto o come contorno?
Si mangia caldo o freddo?
Conosci qualche storia o leggenda sul riso?
I risultati estremamente positivi in termini di conoscenza dell'alimento. Tutti i bambini hanno detto di conoscerlo con una preferenza specifica per il risotto, o giallo o rosso.

Di leggende non ne conoscevano e qui la maestra Antonella si è attivata nel raccontare loro la leggenda del riso in India con tanto di disegni.

2° FASE: Un po' di storia

I bambini dopo un primo momento di accoglienza sono stati accolti intorno al tavolo della scuola e insieme allo staff di Psicologia Utile hanno iniziato a vedere alcune foto sul riso e sulle pratiche per coltivarlo, adesso e nel passato.

Il tutto accompagnato dalla voce della maestra Antonella, mentre leggeva alcune storie e leggende sul riso. In alcuni incontri una collaboratrice di APU ha disegnato in tempo reale i personaggi della leggenda suscitando interesse e curiosità tra i presenti

8

Le Leggende sul Riso

In India

Secondo le scoperte degli archeologi nell'India del nord già 7.000 anni fa si coltivava una specie di riso, l'Indica.

Un'antica leggenda racconta che il riso è stato regalato agli uomini dal dio Shiva.

Si narra che il dio, invaghitosi di una ragazza, l'avesse chiesta in sposa con la promessa di inventare per lei un cibo da poter mangiare tutti i giorni senza che le venisse a noia.

Il dio creò i cibi più gustosi e fantasiosi che mai mente d'uomo potesse immaginare, ma la fanciulla non era mai soddisfatta. Temendo che si burlasse di lui, Shiva la sposò ugualmente e di lì a poco la giovane sposa morì. Dopo 40 giorni, sulla sua tomba ecco spuntare tante piantine di una specie sconosciuta: il riso.

Shiva benedisse la nuova pianta e promise che con essa gli uomini avrebbero preparato un cibo così gustoso che non li avrebbe mai stancati.

E così è stato. Giacché gli indiani continuano a cucinare e a gustare il riso, soprattutto nella parte meridionale del paese dove la popolazione si nutre in prevalenza di verdure e cereali. Qui il riso si chiama "bath" e se vi capita di andare in India potete mangiarlo sin dalla prima colazione, quale ingrediente principale di una buona torta chiamata "idli", addolcita con noce di cocco o preparata anche nella versione salata con le lenticchie.

Ma il vero piatto base della cucina indiana è il "pilau": riso prima cotto nel burro e poi nell'acqua o nel brodo. Da condire con verdure, uova, pesce o carne.

La storia intorno alla coltura del riso…...

Le pianticelle di riso crescevano... allo stato selvatico in acquitrini e paludi dell'Asia, dell'America e dell'Africa.
I primi uomini... se ne cibavano, ma lo mangiavano con tutta la pianticella, solo più tardi vennero apprezzati i chicchi.
Nel 1600a.C. L'imperatore cinese Khang-Hi... constatò che in un campo il riso era maturato prima

del solito, ordinò che ne venissero coltivati i semi in campi più grandi e visto, che con essi si potevano avere due zoccoletti l'anno lo chiamo "riso imperatore". Le sementi poi vennero distribuite alla popolazione che poterono sfamarsi e non soffrire la fame.

I reperti fossili ci dicono... che gli antichi (asiatici) si sono nutriti con riso già da 7.000 anni mentre la Sacra Bibbia non ne fa cenno (riferimento).

Greci e Romani... conoscevano questo cereale, ma lo consideravano una spezia esotica e rara che costava molto lo usavano come contorno per altre vivande, oppure per farne infusi curativi di malattie gastriche e intestinali proprio per le sue particolarità virtù dietetiche.

La Spagna... secondo alcuni storici introdusse il riso in Italia, mentre secondo altri furono i marinai della Repubblica di Venezia a portare in Italia le sementi e le notizie come moltiplicarle. Impossibile dire quali delle due versioni sia quella giusta poiché mancano i documenti storici.

Cinquecento anni fa la coltivazione del riso in Italia avvenne in conseguenza di una grave necessità (pestilenze, guerra e carestie) per nutrire nuovamente e con regolarità la popolazione

Pratiche per coltivarlo, adesso e nel passato

La mondina
Durante la crescita il riso è attaccato da erbe infestanti che lo privano di nutrimento e luce. Oggi queste erbe dannose si distruggono con i diserbanti, ma una volta erano strappate ad una ad una dalle mondine. Erano tutte donne e per un mese e più passavano il giorno in risaia, con grandi cappelli di paglia e pantaloni corti, immerse nell'acqua sino alle ginocchia.
Il lavoro era duro e faticoso, allora per stare allegre si mettevano a cantare tutte insieme.

Dal granello al chicco...

Dopo l'essiccazione, il chicco di riso non è ancora pronto per essere mangiato.

In riseria lo attendono altre lavorazioni:

la sbramatura per pulire il chicco dalla lolla, ovvero l'involucro esterno che lo ricopre;

la sbiancatura per togliere al riso il colore marrone e renderlo bianchissimo.

La spazzolatura per levigarlo e la brillatura per farlo diventare lucido.

Infine i chicchi sono confezionati in scatole di cartone o in sacchetti di plastica sottovuoto, che puoi acquistare nei negozi di alimentari o nei supermercati.

Il riso fa... benissimo!

Se vuoi crescere e stare in salute mangia un buon piatto di riso!

Dentro troverai gli amidi che ti danno tanta energia senza rendere difficile la digestione: così ti senti in forza, ma leggero.

Il riso contiene anche proteine e vitamine (b1, b2, pp) importanti per la tua crescita e tanti sali minerali come calcio, fosforo, potassio, magnesio, manganese, rame, zinco e selenio.

Il risotto...

Ci sono mille modi di cucinare il riso.

Ma il più famoso e il più gustoso è il risotto.

Per prima cosa si soffrigge nell'olio o nel burro la cipolla tritata; dopo, si versa il riso e si mescola qualche minuto per farlo tostare; infine lo si cuoce aggiungendo poco alla volta del brodo bollente. La cottura varia in base al tipo di riso: dai 15 ai 20 minuti. Quando è cotto lo si fa mantecare aggiungendo un pezzo di burro e del formaggio grattugiato.

Si lascia riposare per qualche minuto e poi... tutti a tavola!

3° FASE: Mettiamoci all'opera

Durante il periodo natalizio, si è cercato di declinare il progetto sulla base del periodo specifico.

Accanto alla narrazione sono stati svolti dei laboratori artistici utilizzando lui come protagonista.

Si è scelto di colorare il riso immergendo in acqua della carta crespa colorata e successivamente, versandovi dentro il riso stesso.

Questo è stato utilizzato come elemento decorativo per la realizzazione di decorazioni da appendere visto il periodo di festa.

A Natale le corsie del reparto pediatrico sono state addobbate proprio con le creazioni dei bambini addobbando anche l'albero di Natale della Scuola in Ospedale..

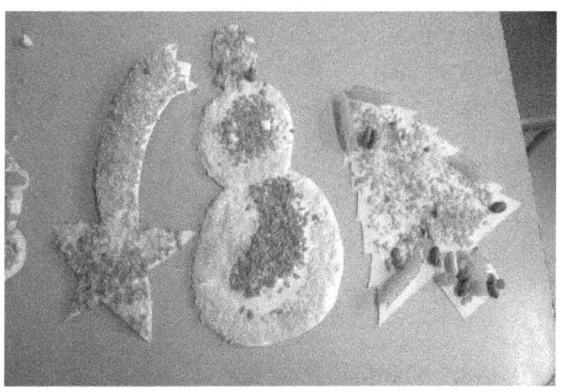

Un risultato inaspettato

Durante questa fase del progetto il clima favorevole che si è venuto a creare con i bambini, unita alla loro fantasia e alla voglia di fare ha portato ad ideare una filastrocca orchestrata da Barbara di APU che tra un sorriso e una battuta ha invitato i bambini a esprimersi per creare delle rime sul riso!

E' stata un'esperienza molto bella che ha stimolato tutti i bambini presenti. La filastrocca è nata dopo un laboratorio dove incessantemente i bambini hanno creato le loro decorazioni senza pensare al motivo per cui erano in ospedale; chi era in attesa di fare le analisi o chi era in attesa dell'intervento alle tonsille.

Un`ora trascorsa in serena allegria dove non hanno pensato, ma hanno imparato stando bene.

FILASTROCCA

Stamattina in Ospedale
alla scuola particolare
c'era proprio un gran da fare
con tanto riso colorato
abbiamo giocato
e abbiamo creato
rosso verde arancione
abbiamo fatto un pupazzone
indaco giallo e rosa
e una stella luccicosa
con la pasta ed i legumi
abbiamo fatto dei Cianciumi
Vuoi sapere che cos'è?
Allora vieni a farlo anche te!

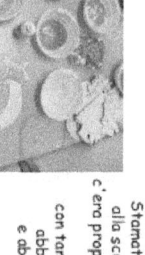

Stamattina in Ospedale
alla scuola particolare
c'era proprio un gran da fare

con tanto riso colorato
abbiamo giocato
e abbiamo creato

rosso verde arancione
abbiamo fatto un pupazzone

indaco giallo e rosa
e una stella luccicosa

con la pasta ed i legumi
abbiamo fatto dei Cianciumi

Vuoi sapere che cos'è?
Allora vieni a farla anche te!

Fabio Andrea Carlo Iacopo Gregorio Vittoria

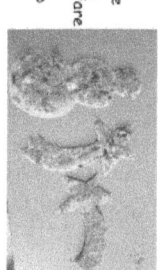

Un grazie a
Fabio, Andrea, Carlo, Iacopo, Gregorio, Vittoria

18

4° FASE: Le allegre mascherine

Il periodo di Carnevale ha visto la creazione di simpatiche mascherine: dalle classiche forme decorate con riso e materiale alternativo!!
Altro non sono che i chicchi colorati di riso, attaccati qua e là per donare un po' di allegria!

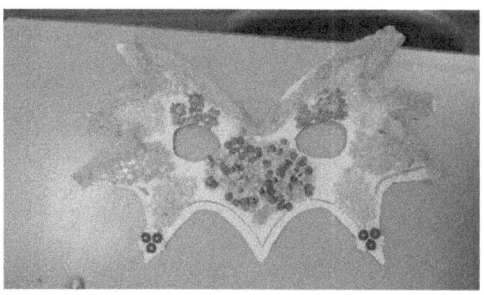

Durante gli incontri sul riso non poteva mancare lui, BAGIGIO

Bagigio è la mascotte del progetto Nutriziopoli, che veste panni diversi a seconda del progetto nel quale si trova collocato.

È un personaggio molto divertente nelle forme e piace tanto ai bambini!

Grazie a lui i bambini si immedesimano e imparano a stare seduti correttamente a tavola, piuttosto che mangiare in maniera salutare. In tutti i cartelloni Bagigio è stato rappresentato con colori diversi a seconda della località: veniva vestito con l'abbigliamento tipico del posto, insieme a simpatiche espressioni sul viso o con frasi.

5° FASE: Esploriamo il riso in Italia

Si è cercato a questo punto di vedere la diffusione del riso all'interno del nostro paese, scoprendo che nel passato la sua coltivazione era più ampia rispetto ai giorni nostri.
Si è approfittato dell'occasione per indagare anche i prodotti tipici di ogni regione, cercando di rappresentarli.
È stato disegnato tutto il contorno dell'Italia e le varie regioni separate le une dalle altre in modo da lavorarci separatamente.
Successivamente sono state assemblate tutte!

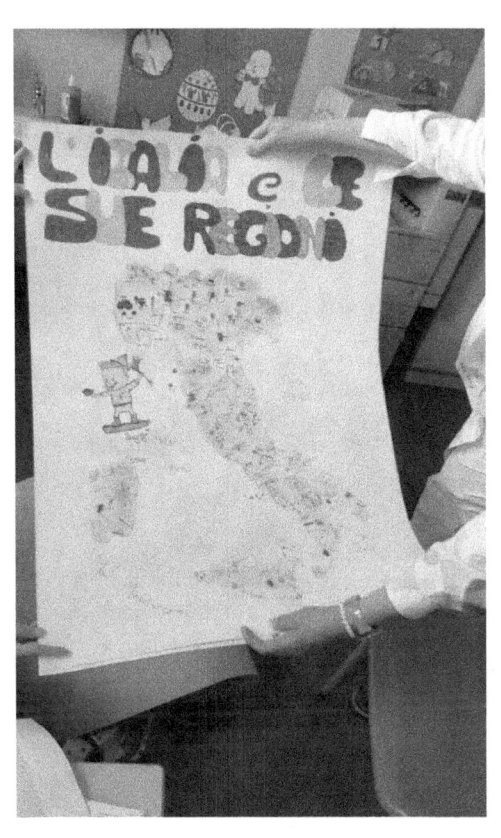

6° FASE: L'Europa

Fatta l'Italia, si è cercata la diffusione del riso in tutta Europa.

Sono stati rappresentati solo i paesi produttori di riso con le loro bandiere e un «Bagigio» tipico.

7° FASE: Il giro del mondo

Come per l'Europa e ancora prima per l'Italia si è proceduto, analizzando la diffusione del riso anche nel Mondo, individuando le aree principali.

Poi sono state rappresentate graficamente.

Infine sono stati incollati i chicchi di riso.

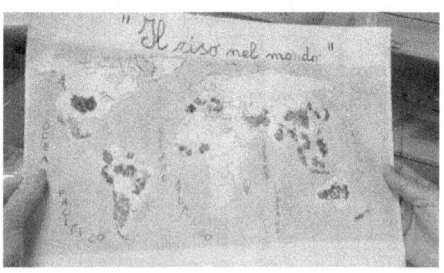

8° FASE: Il gioco del riso

È stato ideato un gioco da tavolo: il Gioco dell'oca con la tematica del riso! Ai bambini è piaciuto molto.

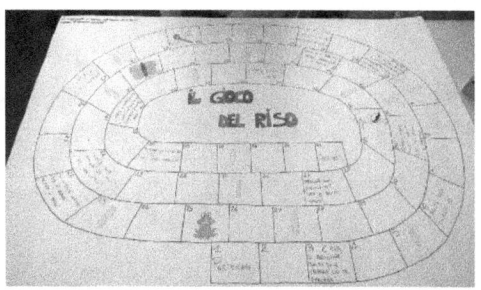

9° FASE: Trova l'intruso

In seguito abbiamo creato un altro gioco da tavolo, il «Trova l'intruso», in cui sono stati disegnati i principali attrezzi agricoli, legati alla coltivazione del riso, da completare con alcune lettere colorate più grandi.

Grazie a Mara di APU gli attrezzi sono strati riprodotti in miniatura in modo da rendere visivamente più curioso il gioco.

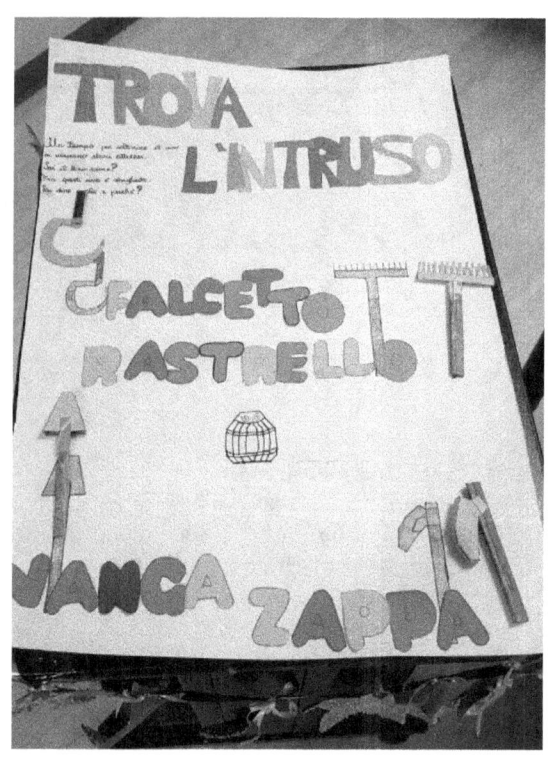

10° FASE: L'alfabeto del riso

Il riso fa bene da ogni punto di vista quindi perché non creare un vademecum? Ecco che l'idea diventa realtà con l'alfabeto caratteristico riferito al riso, incollando i chicchi del riso sul contorno delle lettere in stampatello maiuscolo e aggiungendo degli elementi che hanno a che fare con il riso che iniziano con quella lettera.

Per fare questo abbiamo coinvolto numerosi bambini che con pazienza hanno incollato il riso contribuendo a definire le sue proprietà.

11° FASE: La semina del riso

Nel mentre del progetto, si delineavano aspetti che si potevano approfondire fino all'idea di ricostruire realmente una risaia all'interno dell'aula, simulando ciò che accade nel processo di semina e crescita. Per fare questo sono serviti;

una bacinella;

del cotone idrofilo;

chicchi da riso da semina.

I chicchi di riso da inserire nella vaschetta trasparente sono diversi da quelli che cuciniamo, infatti sono ancora grezzi e costituiscono le sementi.

Fase di simulazione della semina: ecco i nostri chicchi adagiati sopra il cotone idrofilo, sono stati bagnati con tanta acqua, come nella risaia e lontani dalla luce diretta, vengono coccolati dolcemente per favorirne la crescita.

Durante tutto il periodo di germinazione abbiamo fotografato lo spettacolo che via via si veniva a creare. Ed ecco spuntare i primi germogli: il chicco si apre letteralmente, come succede ai fagioli, per far scaturire una magica sorpresa.

Et voilà: il risultato finale!! Successivamente per ogni bambino sono stati donati un kit per il riso con dentro un foglietto illustrativo che descriveva come fare per riprodurre la stessa risaia a casa.

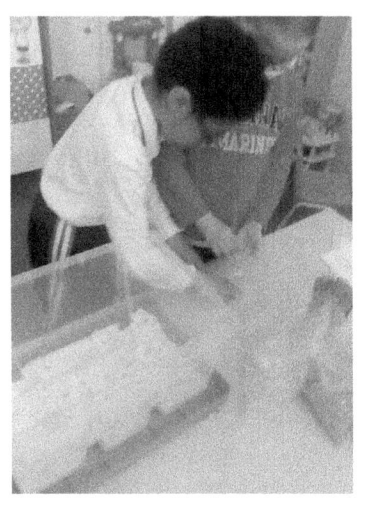

In cucina Europa

Fu forse il grande Alessandro Magno a far conoscere il riso in Grecia e da qui, al resto d'Europa. Il valoroso guerriero era giunto, infatti, sino in India dove sicuramente vide le piante di riso e ne assaggiò i chicchi.

I greci e i romani consideravano il riso una spezia preziosa e la usavano a piccole dosi. In Europa si iniziò a consumarlo come cibo solo alla fine del medioevo, dopo che ne avevano diffuso l'utilizzo gli Arabi, giunti in Spagna e in Sicilia.

Oggi l'Italia è il principale produttore di riso d'Europa, seguito da Spagna, Grecia e Portogallo. In questi paesi sono numerose le ricette per cucinare il riso, che è spesso servito come piatto principale. Quasi tutti conoscono la coloratissima "paella", piatto tipico della Spagna, preparato con riso, piselli, peperoni, carne di pollo e pesce.

Nei paesi del Nord Europa, al contrario, il riso viene consumato soprattutto al posto del pane o delle patate. Così se capitate dalle parti di Amsterdam, in Olanda, vi serviranno lo "Stokvis", merluzzo cotto nel latte e accompagnato da un gran piatto di riso bollito.

Un discorso a parte merita la Gran Bretagna: per oltre un secolo l'impero britannico estese il suo dominio anche in India.

Da queste lontane terre gli inglesi non importavano solo il thè, tipica bevanda inglese, ma anche il riso che i cuochi d'Inghilterra hanno imparato a cucinare rielaborando antichi piatti della tradizione indiana, come il "kedgeree", merluzzo e curry, fra i più gustosi piatti della colazione inglese.

Con il riso esiste anche una versione del celebre "Porridge", il caratteristico dolce inglese.

Paella foto sopra
Stokvis foto a destra

In cucina in India

Secondo le scoperte degli archeologi, nell'India del nord già 7000 anni fa si coltivava una specie di riso, l'Indica.

Un'antica leggenda racconta che il riso è stato regalato agli uomini dal dio Shiva.

Si narra che il dio, invaghitosi di una ragazza l'avesse chiesta in sposa con la premessa di inventare per lei un cibo che potesse mangiare tutti i giorni, senza che le venisse a noia.

Il dio creò i cibi più gustosi e fantasiosi che mai mente uomo potesse immaginare, ma la fanciulla non era soddisfatta.

Temendo che si burlasse di lui, Shiva la sposò ugualmente e di lì a poco la giovane sposa morì.

Dopo 40 giorni sulla sua tomba ecco spuntare tante piccole piantine di una specie sconosciuta: il riso.

Shiva benedisse la nuova pianta e promise che con essa gli uomini avrebbero preparato un cibo così gustoso che non li avrebbe mai stancati. E così è stato.

Giacché gli indiani continuavano a cucinare e a gustare il riso, soprattutto nella parte meridionale del paese dove la popolazione si nutre in prevalenza di verdure e cereali. Qui il riso si chiama bath e se vi capita di andare in India potete mangiarlo sin dalla prima colazione, quale ingrediente principale di una buona torta, chiamata "idli" , addolcita con noci di cocco o preparata anche nella versione salata con le lenticchie.

Ma il vero piatto base della cucina indiana è il

"pilau": riso prima cotto nel burro e poi nell'acqua o nel brodo. Da condire con verdure, uova, pesce o carne.

In cucina in Cina

Il riso cinese si coltiva da migliaia e migliaia di anni. Essendo un paese in prevalenza montuoso, le risaie sorgono lungo i fianchi delle montagne e hanno la forma di grandi terrazze ricolme d'acqua. In Cina il terreno e il clima sono particolarmente adatti a questa pianta e non è raro imbattersi in qualche specie di riso selvatico che cresce spontaneamente lungo le rive dei grandi fiumi.

Per la cucina cinese il riso è un cibo fondamentale, da mangiare con le tradizionali bacchette di bambù: un chicco dopo l'altro. Fritto o lessato, con il riso si preparano piatti salati o dolci, come il celebre riso dagli otto tesori, farcito con datteri, ciliegie e frutta secca.

A base di riso è poi tutta la cucina dell'intera Asia: dalla Cina, infatti, il cereale è arrivato in Thailandia, oggi uno dei maggiori produttori nel mondo, e in Vietnam, dove il piatto nazionale è a base di riso. In tutti questi paesi il riso è tuttora coltivato senza l'uso di macchine e tutte le fasi dalla semina alla raccolta sono effettuate a mano dai contadini.

Il riso cinese è giunto anche in Giappone, dove viene chiamato madre e si coltiva la specie Japonica, dalla quale derivano alcune varietà del riso italiano. Un tempo in Giappone il riso era un cibo destinato solo ai valorosi samurai, esperti di arti marziali, e ai mercanti.

Oggi, invece, lo mangiano tutti e ogni buon pasto giapponese si conclude con una ciotola di riso bollito, magari accompagnato da un bicchierino di sakè, un vino molto leggero, ottenuto anch'esso da una varietà speciale di riso, il Sakamai.

Spazio alla fantasia con storie e filastrocche

Ogni laboratorio è stato un momento non solo ludico creativo ma anche un vero e proprio spazio dove la fantasia ha cavalcato creando oggetti veramente unici. In un clima conviviale dove si sorrideva in allegra, Barbara ha dato forma a filastrocche e racconti animati dal SorRISO!
Sono scritti originali perché in rima o in racconto ha trasformato la gioia di quel momento, riportando i momenti esattamente per come sono andati.

Riso rosso Riso blu scegli il colore che vuoi tu

Rosso, Giallo, Verde, Blu ogni colore che vuoi tu!
Tutti insieme allegramente, tra risate e barzellette,
abbiamo fatto un gran caciare alla Scuola in
Ospedale.

Tra alberelli e pupazzoni
renne strenne e maccheroni
abbiamo creato degli alberoni!

Gialli verdi bianchi e blu
con anche i fagioli e molto di più!

Stelle comete dove andrete
sulla parete e su ogni abete

Nuvole e fiocchi
pupazzi e maritozzi
sembra di stare

al Paese dei Balocchi

Vuoi sulle porte
vuoi sugli alberelli
insieme ai panettoni sono proprio belli.

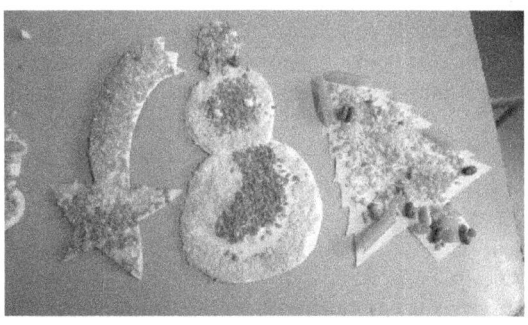

Ma ecco Bagigio che ligio ligio ci regala un suo prodigio!

Dall'alto della sua statura vedeva cose luccicose che per lui erano proprio curiose.
"Ma che meraviglia di sfumature, mi fan venire in mente le mie magiche avventure, giallo verde rosso e blu, vieni a sorridere anche tu!" pensava tra sè Bagigio guardando le maestre intente a preparare.
Bagigio entusiasta di così tanti colori chiese come avevano fatto a fare i chicchi di riso multicolori. Lui che è un gran mangione conosceva bene il riso rosso e il riso nero, ma quello arancione brillante come il mattone proprio no!
La maestra Antonella sorridente e bellamente svelò il mistero!
"Ho preso la carta crespa, ne ho tagliato un pezzo e l'ho messo in acqua. Dopo un pò l'acqua è diventa del colore della carta e a quel punto ho versato il riso bianco lasciandolo immerso.
Passa un minuto e Patapin Patapam il riso colorato eccolo che è arrivato!"
"Che FORZAAAA!" replicò Bagigio con gli occhi spalancati e un sorriso bellissimo e coinvolgente.
Tutti insieme allegramente iniziarono a lavorare:
passami la colla,
passami la forbice,
passami il riso indaco
passami lo sgabello che mi siedo anche io,
passami l'acqua che ho sete, magari anche un biscottino!

38

"Il lavoro mette fame e si sà che i bambini devono crescere!" pensava Bagigio mentre sgranocchiava un gustoso biscotto di riso, giusto per essere in tema con il laboratorio della giornata.

I bambini si divertirono un mondo. Così tanto che Fabio guardando Bagigio sussurrò "certo che è una scuola speciale questa. Fai tante cose e ti diverti pure!"

I bambini in attesa dell'intervento che avrebbero fatto nel pomeriggio avevano trascorso una mattinata in allegria dove avevano imparato tante cose sul riso!

Ma lo sapete che esistono delle leggende?

Noi si grazie alla Maestra Antonella!

Sul finire della mattinata tra una battuta e una risata ecco udire una ballata
dai giovani inventori all'occorrenza creata
che cantata e animata fa sorridere con una grassa risata

Ascoltaci anche tu e ricorda di ridere con il naso all'insù

"Stamattina in Ospedale
alla scuola particolare
c'era proprio un gran da fare

con tanto riso colorato
abbiamo giocato
e abbiamo creato

rosso verde arancione
abbiamo fatto un pupazzone

indaco giallo e rosa
e una stella luccicosa

con la pasta ed i legumi
abbiamo fatto dei Cianciumi

Vuoi sapere che cos'è?
Allora vieni a farlo anche te!"

**Progetto che rientra nel format Nutriziopoli
per informazioni
barbara.camilli@psicologia-utile.it**

https://youtu.be/1nxpCZp8Pq8

www.ingramcontent.com/pod-product-compliance
Lightning Source LLC
Chambersburg PA
CBHW070350290526
45791CB00003B/1497